I0026392

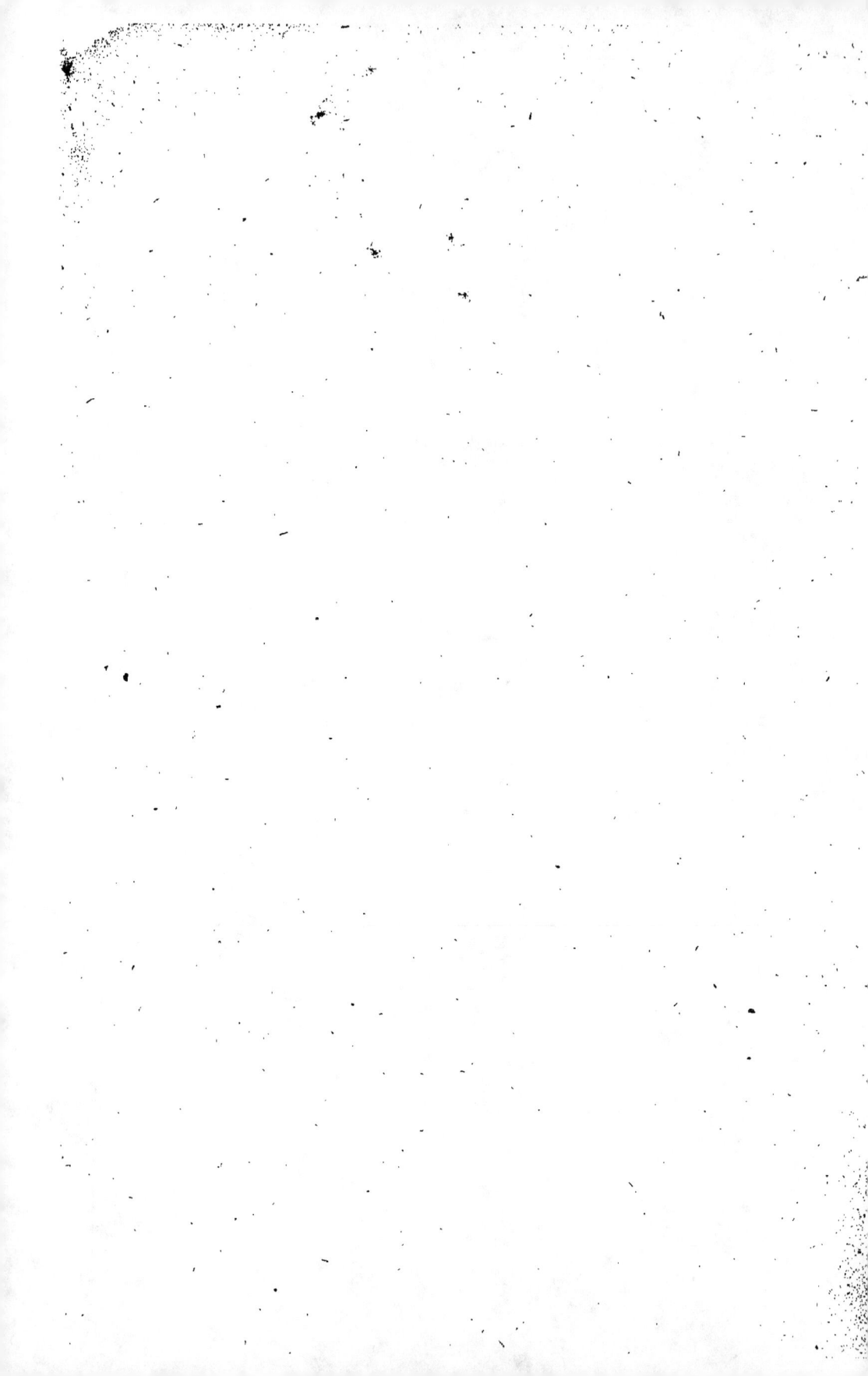

27

n 14362..

14859

DISCOURS

PRONONCÉ

PAR MOLIERE

LE JOUR DE SA RÉCEPTION

POSTHUME

A L'ACADÉMIE FRANÇAISE,

AVEC

LA RÉPONSE.

Prix, 12 sols.

A AMSTERDAM,

Et se trouve A PARIS,

Chez les Libraires qui vendent toutes les Nouveautés.

M. DCC. LXXIX.

27
In 14362

DISCOURS

PRONONCÉ

PAR MOLIERE

le jour de sa réception posthume à l'Académie.

MESSIEURS,

Il est donc vrai que, cent cinq ans après ma mort, vous voulez bien m'accorder une place parmi vous.

Loin de me plaindre du préjugé barbare qui, de mon vivant, m'interdisoit l'entrée de cette Académie, loin de gémir sur le siecle écoulé entre mon trépas &

A

la nouvelle vie que je reçois , je pense que ma gloire en devient plus pure. Du moins on ne pourra pas attribuer mon Election à la brigue. Je n'ai pas flatté l'orgueil d'un Protecteur titré ; & les femmes follicitent-elles pour une ombre ?

Le Meffager des Dieux * vient de m'annoncer mon bonheur. » J'ai admiré , m'a dit Mercure, le marbre » fur lequel un ciféau magique a fait revivre vos » traits. J'ai lu le vers plein de fentiment, qu'un de vos » dignes Succeffeurs ** a mis au bas de votre bufte. » On applaudit de toute part à la générofité de l'Aca- » démicien infatigable , du Littérateur ingénieux , » du Géometre profond, qui en a fait préfent à l'Aca- » démie; & c'eft avec la plus grande fatisfaction, que » tout Paris vous voit enfin à votre place. *Cotin* feul » a fremi de fe trouver auprès de vous. «

Je vous dois , MESSIEURS , un hommage public de ma reconnoiffance ; mais , voudrez-vous bien ne pas m'affujettir au ton & aux formes de vos difcours de réception ? La moindre contrainte alarme un habitant des *Champs Elyfées*.

Il feroit trop pénible pour mon cœur d'annoncer l'Eloge de Louis le Grand & de le refferrer dans quelques lignes , lorfque j'éprouve un fentiment fi tendre, un faififfement fi délicieux , en me rappellant que ce

* Le Mercure du 15 Décembre 1778.
** M. Saurin a fait les *Mœurs* & l'*Anglomanie*.

Monarque voulut être mon juge, mon protecteur, le
censeur de mes Ouvrages. Il faisoit plus ; il me dénon-
çoit les vices, les travers, les ridicules déguisés auprès de lui, sous le masque du courtisan, & il me disoit avec bonté : *Moliere, voilà un original à peindre.*

Quant à votre Fondateur, il est assez loué par un
établissement déjà si célebre & dont vos travaux assu-
rent à jamais la gloire.

De retour chez les morts, je ferai ma cour à Louis
XIV & au fameux Cardinal, en leur apprenant que
le Prince sous lequel vous vivez, brûle d'égaler, d'ef-
facer même les Héros de sa race ; qu'il n'honore de
sa confiance que des Hommes amis des Muses & dignes de l'immortalité qu'elles dispensent.

Vous avez fait beaucoup pour ces Muses, Messieurs, lorsque vous avez imaginé de traiter dans vos
discours de réception, un point de Littérature. J'au-
rois le plus grand desir de me conformer à un usage
aussi utile & si généralement applaudi ; mais je ne con-
nois à fond que l'Art Dramatique, le Comique sur-
tout ; à quoi serviroit-il de le développer ici ? Vous
êtes du secret, Messieurs, & le reste de mes Auditeurs ne daigneroit pas m'écouter. Vous savez que les
jolies femmes, les *hommes du bel a'r,* quelques Comé-
diens même, ont cru jetter du ridicule sur le petit
nombre de mes partisans, en les appellant, *bonnes
gens possédés du Molieranisme.*

Vous voyez l'Engoûment en cheveux longs, en talons rouges, en panache, applaudir au genre prétendu *Moderne* & *Philosophique*; comme si, à travers quelques maximes & quelques pensées mal rajeunies, quelques situations larmoyantes, ramenées avec effort sur la scene, il n'étoit pas aisé de reconnoître les chefs-d'œuvre *tragi - comiques* des *Scudéri*, des *Scaron*. *

Et j'entreprendrois de prouver aux Amateurs, aux Connoisseurs de ce siecle charmant, qu'ils ont tort d'admirer des productions bizarres parées du nom de Comédie? Non! C'est comme si je voulois prouver à leurs Auteurs favoris, qu'un Poëte doit être créateur, savoir embellir ses larcins, ou se taire.

Tout est possible à l'éloquence & à la vérité, me dira t on, j'en conviens; mais pour terrasser les ridicules, les travers, il faut de l'éloquence & de la vérité en action.

Que n'ai-je mon théâtre des Champs Elysées! Car aux Champs Elysées nous avons aussi un théâtre, & vous croirez sans peine que notre troupe a quelque mérite. Figurez - vous l'effet singulier que doivent

---

* Scaron disoit assez plaisamment que les Auteurs tragi-comiques mêloient la crême à la moutarde.

produire les *Polus* *, les *Roscius*, les *Baron*, les *Lecouvreur*, les *Goſſin*, les *le Kain*, les *Garric*, les *Poiſſon*, les *Armand*, ** quand ils ſe ſont mutuelle-ment fait part de leurs découvertes. D'ailleurs, nos Actrices ont la taille toujours ſvelte ; nos Acteurs ne ſont jamais tentés d'aller prendre les eaux ; ils ſont très ſatisfaits ſur-tout de partager la gloire d'un Au-teur, & ne ſe donnent pas le ridicule de vouloir le protéger.

Je le répete : que n'ai-je ici pour quelque temps ma troupe favorite ! Et bientôt avec ces mêmes armes fa-tales aux *Précieuſes*, aux *Femmes Savantes*, j'attaque de nouveau, j'immole au Dieu du goût les rapſodies qui deshonorent la Scene, leurs Auteurs, leurs Ad-

---

* Comédien d'Athenes, qui, devant jouer le rolle d'*Electre* dans la Tragédie de Sophocle, pour ſe pénétrer mieux de l'eſprit de ſon perſonnage, tira du tombeau d'un fils qu'il avoit perdu, l'urne qui contenoit ſes cendres, & l'embraſſant ſur le théâtre comme ſi c'eût été l'urne d'Oreſte, remplit toute l'aſſemblée non pas d'une ſimple émotion, mais de pleurs & de cris.

** Le mari de ma chere Nicole, Bellecour, va débuter & ſera vraiſemblablement reçu. Nous autres gens de l'autre monde, nous ſavons quelque gré à un Acteur d'être toujours décent, de mettre une ſorte de nobleſſe, même dans les rolles qui n'en pa-roiſſent pas ſuſceptibles, & de s'occuper ſur la ſcene, bien moins de lui que de ſes interlocuteurs, & ſur-tout de la piece : com-plaiſance rare !

A iij

mirateurs, jufqu'aux lâches qui leur vendent leurs fuffrages & leurs mains.

Ce n'eft pas affez! Mon œil obfervateur perce à travers le mafque uniforme qu'une même éducation donne à tous les François. Je démêle les vices les plus atroces à travers les agrémens les plus féduifans, j'ofe leur déclarer la guerre. Je peins la méchanceté toujours baffe, la délation toujours vile, la calomnie toujours active, l'égoïfme fe reproduifant fous cent formes différentes ; & ces monftres divers, loin d'ufurper déformais l'eftime publique, courent fe cacher.

Quand je fonge que prefque tous les Grands Hommes ont été de cette Académie, & qu'ils y ont puifé les moyens de devenir plus grands, je fens renaître en moi la plus noble émulation, &

> *Ces haines vigoureufes*
> *Que doit donner le vice aux ames vertueufes* *.

j'oublie même les *Champs Elyfées* où l'on m'attend pour recevoir Voltaire dans notre Académie. Ici, l'on me reçoit ; là, je fuis Préfident.

Il eft bien naturel que, dans le féjour des plaifirs & de la tranquillité, fur-tout, lorfqu'on y eft pour fi long-temps, on defire d'être affis commodément.

---

* Mifantrope, Scène I.

Auffi faut-il voir le nombre des Afpirants qui affiégent les avenues de notre licée, quand nous jugeons à propos d'y créer quelque nouvelle place : l'un fe fait préfenter par *Héléne*, l'autre par *Achille ;* celui-ci nous vante fes petits extraits ; celui-là montre la lifte de fes ancêtres ; cet autre fe traîne accablé fous le poids d'une énorme differtation harmonieufement imitative fur les divers aboiements de *Cerbere.*

Le Chantre de Henri a triomphé fans peine de ces miférables Concurrents. Je lis dans vos yeux, MESSIEURS, vous brûlez de favoir quelle eft la place que nous avons affignée à cet admirable Ecrivain ; c'eft encore un fecret de l'autre monde.

Lorfque Voltaire s'eft préfenté fur les bords du Cocyte, *Caron*, effrayé de fon nombreux cortége, n'a voulu en paffer qu'une partie ; le refte s'eft jetté à la nâge ; le temps feul peut vous apprendre ce qui aura furnagé. Attendez que les ans accumulés fur l'urne du mort illuftre que vous pleurez, aient diminué le nombre de fes paffionnés détracteurs, & qu'un culte, mûri par la réflexion, remplace le fanatifme mal-à-droit de quelques-uns de fes partifans.

S'il ne m'eft pas permis de vous dévoiler les grandes deftinées de Voltaire, je puis du moins vous inftruire de ce qui va fe paffer à fa réception : Il fera l'éloge d'*Homere*, de *Corneille*, de *Crébillon*, des deux *Rouffeau*, de la *Fontaine* ; il avouera avec franchife

A iv

BIBLIOTHEQUE IMPERIALE IMPR.

que fi, de fon vivant, il leur a contefté une partie de leur mérite, il a cedé malgré lui, à cette foif infatiable de renommée, qui le tourmenta toute fa vie. Ces grands Hommes ne fe vengeront qu'en démembrant en fa faveur leurs états ; en fe joignant à *Virgile*, à l'*Ariofte*, à *Racine*, à *Tibulle*, à *Chaulieu*, pour lui compofer un Empire. Et moi, je me propofe, après avoir un peu plaifanté avec le nouvel Académicien, fur fes prétentions à la Monarchie univerfelle, de faire remarquer à l'affemblée que les Auteurs, pour s'aimer de bonne foi, pour fe rendre mutuellement juftice, n'ont befoin que de paffer les fombres bords.

Vous n'êtes pas tentés, Messieurs, d'affifter à cette féance ? Il feroit indifcret de vous preffer, & je ne ferois pas ma cour à votre Patrie.

RÉPONSE
AU DISCOURS
DE MOLIERE.

*APRÈS que Moliere eut prononcé son discours
& que les Critiques eurent fait remarquer
à leurs voisins, combien il avait perdu de
son agréable simplicité, l'Académicien,
chargé de lui répondre, appuya quelques
instans sa tête sur ses deux mains, la leva,
jetta sur son Héros un regard timide, mêlé
d'admiration, & s'écria :*

Non, il ne manquait à la fortune de *Voltaire*, que
d'avoir le divin Moliere pour successeur * ! Ombre
illustre, peux-tu nous dire s'il prévoyait cet honneur,
lorsqu'il composa des mémoires sur tes Ouvrages, &
qu'il ne s'y permit pas la moindre critique ? Son admiration exclusive pour tes chefs-d'œuvre, ajoutera sans

---

* L'Académie n'avait pas encore désigné M. Ducis ; ce Poëte
vraiment tragique qui, dans quelques Scenes, vient de se placer
à côté de Sophocle, qui ne voit personne au-dessus de lui, lorsqu'il est beau, & qui est intéressant même dans ses morceaux les
plus faibles.

doute à fa réputation, mais fans rien faire pour la tienne. Tel fera le fort de tous les Ecrivains qui parleront de toi. La gloire de renouveller les couronnes accumulées fur ta tête doit feule les flatter ; & c'eft là toute mon ambition, lorfque je viens dans cette augufte affemblée, joindre ma faible voix à celle de cet Homme extraordinaire, pour qui la nature & le cœur humain n'eurent point de fecrets.

Que ne puis-je faire paffer dans l'ame de mes Auditeurs ce mêlange confus d'admiration, de refpect, j'ofe dire d'amour - propre, que tout Académicien éprouve en voyant au nombre de fes Confreres le premier des Comiques !

Pour remplir dignement les vœux de l'Académie, pour communiquer fon enthoufiafme même aux Etrangers qui ne connoiffent de *Moliere* que fon nom, pour leur faire promptement partager le culte qu'elle voue au plus grand des Poëtes Philofophes, ne faudrait - il pas le montrer tout entier ? Montrer *Moliere* tout entier, MESSIEURS ! quel Orateur oferait l'entreprendre? Il faudrait que fimple, concis, énergique, il nous peignît rapidement l'ame honnête de fon Héros ; que favant dans l'*art de la repréfentation*, il le fît voir formant les Acteurs, les ramenant au beau naturel, & leur laiffant une tradition fûre ; il faudrait, fur-tout, qu'initié dans les myfteres de *Thalie*, il fuivît *Moliere* *obfervateur*, au milieu du grand monde & dans tous les

états. Il décomposerait devant nous le *Mifantrope*,
l'*Avare*, le *Tartuffe*, pour nous en faire admirer les
beautés ; encore la plus grande partie lui échapperait-
elle. Il en eft qui font pour ainfi dire un fecret entre le
Poëte & les Mufes. Le chef-d'œuvre, le monument
exifte; mais le génie qui y préfida, qui l'anime encore,
ne fe manifefte pas. Qui nous dira comment un fujet fe
préfentait dans tous fes rapports à l'efprit de *Moliere* ?
Comment il en embraffait l'étendue ? Comment il
déterminait l'action, réglait la marche, plaçait le
caractere dominant, l'environnait de perfonnages &
de circonftances convenables ? Comment, Auteur
comique & grand Philofophe, il favait fe ménager
de loin les fcenes de pur agrément, ou celles qui de-
vaient démafquer les travers & les vices ? C'eft
ainfi que *Phidias*, mefurant d'un coup-d'œil, le bloc
informe nouvellement forti des carrieres de *Paros*,
fixait la grandeur, le nombre, la diftance des figures
animées déjà par fon génie, & que fon imagination,
fubjuguée d'avance par elle-même, brûlait avec *Mars*
aux pieds de *Vénus* endormie, fous la garde des *Gra-
ces*, ou tremblait à l'afpect de *Jupiter*, prêt à lancer
le tonnerre.

On a fouvent dit que la Nature accordait une belle L'HOMME,
ame aux hommes doués d'un génie extraordinaire.
Moliere, les pieces d'or que tu donnes à un pauvre
vertueux, ton théâtre dont tu te prives pour la veuve

Raisin, & la maniere dont tu combles de bienfaits un Comédien malheureux, prouvent cette vérité.

L'amitié, ce sentiment le plus durable, le plus sacré, le plus doux pour les grandes ames, est fait surtout pour la tienne ; tu le conserves jusqu'à ta mort pour *Bernier, Cirano & Chappelle*. Tu apprends le peu de succès des *Plaideurs*, tu braves les suites d'une maladie dangereuse, tu te fais porter à un théâtre qui n'est pas le tien, tu applaudis la piece ; tu la défends à la Cour, à la Ville, & tu punis ainsi l'amitié réfroidie.

LE COMEDIEN. On demande si tu fus un Comédien parfait. Je demande à mon tour : en est-il ?

Le Comédien pour exceller doit avoir reçu de la Nature, une taille, une figure, une voix propres aux rolles auxquels elle le destine, & beaucoup d'esprit pour concevoir tout ce que les Auteurs ont imaginé, pour sentir les détails, l'ensemble d'un drame & saisir à tous les instans & toujours avec certitude, ce que l'un & l'autre demandent de lui.

Il est un don plus précieux : J'entends cette extrême sensibilité qui s'approprie successivement tous les divers mouvemens de l'ame. L'ame seule peut concevoir l'ame. Il n'est point de secret, point d'étude, point de supplément qui puissent masquer les défauts d'un Acteur né peu fenfible. Le cœur ne fe laiffe pas tromper. Cette noble, cette fuperbe partie de l'homme n'entend que fon propre langage.

Tels font à peu près les préfens que le Comédien doit tenir de la Nature. *Moliere*, tu en poffédais une grande partie, & tu fus à force d'art, ne pas laiffer le moindre regret fur ceux qui te manquaient. Tu corriges tes défauts; tu réformes ceux de tes camarades; tu les inftruis: je te vois au milieu d'eux tel que dans l'*Impromptu de Verfailles*. Tu es le Légiflateur du goût, que dis-je! c'eft le goût lui-même & la raifon qui parlent par ta bouche. Ecoutons.

Acteurs comiques, obligés à repréfenter tous les ridicules, fongez qu'en les outrant vous aviliffez la Scene.

Acteurs tragiques, fouvenez-vous que la véhémence employée mal-à-propos, ou pouffée à l'excès, n'exprima jamais rien. Il ne fuffit pas de frapper, il faut frapper jufte.

Amans, toucher, plaire, intéreffer, voilà votre agréable emploi.

Petits-Maîtres, ne confondez pas le jeu facile avec le jeu négligé. Que le naturel n'ôte rien à la fineffe & que la fineffe ne paroiffe jamais aux dépens du naturel. Que votre fatuité fur-tout ait un air de no-

bleſſe ; faites voir que vous ne l'avez pas puiſée
chez des fats ſubalternes , mais chez des originaux
diſtingués , ébauchés par la Nature , achevés par le
grand monde & par le poli de l'éducation.

Valets, *Soubrettes*, que le deſir d'être applaudis
ne vous faſſe pas outrer votre jeu ; mais gardez-vous
auſſi d'être nobles ou maniérés ; le grand nombre di-
rait que vous avez trop d'eſprit ; les gens de goût
verraient que vous n'avez pas celui de connaître la
nature & de l'imiter.

Ainſi tu parles ; on ſuit tes avis. La révolution eſt
opérée, & tes ſuccès, loin de borner ton ambition,
ne font que l'accroître. Des monſtres dramatiques ſe
ſont emparés de la ſcene, & y regnent ſous des titres
pompeux ; tu veux les étouffer ou les bannir, pour
élever le théâtre de ta nation au-deſſus des théâtres de
toutes les nations & de tous les âges.

Tes projets paroiſſent téméraires ; ton génie ſaura
les juſtifier.

LE POETE
COMIQUE. Tu trouves chez les *Grecs*, réduits pour nous au
ſeul *Ariſtophane*, des beautés ſans doute, mais la plu-
part trop éloignées de nos mœurs ; tu y remarques de
l'irrégularité , beaucoup d'indécence & toute la mali-
gnité d'une allégorie criminelle.

Plaute, chez les *Latins*, te fait voir l'imagination la plus vafte & la plus féconde, mais accompagnée de tous les inconvéniens du défordre. *Térence*, au contraire fi admirable par fes détails, ne s'éleve juf-qu'à cinq actes que par le fecours emprunté d'une dou-ble action.

En Efpagne, des intrigues étonnantes, des fitua-tions bonnes, mais fans liaifon, font amenées par des moyens furnaturels & fuperftitieux.

Chez les *Italiens*, où les incidens perpétuels tien-nent lieu de tout, ta pénétration te fuffit à peine pour fuivre, pour démêler des événemens qui naiffent, qui s'accumulent fans fatisfaire le fpectateur fur ceux qui les ont précédés.

Tu vois avec étonnement fur le *théâtre Anglois* les trois unités continuellement violées, tous les genres confondus, les indécences les plus révoltantes, & une gaieté groffiere mêlée à des teintes de férocité.

Le *théâtre Français* enfin t'offre des Myfteres, des Paftorales, des Tragi - comi - Paftorales, & fur-tout des Tragi-Comédies, monftres amphibies que les *Dramaturges* de l'autre fiecle avaient le front d'éle-ver au - deffus de la Tragédie & de la Comédie.

Te voilà donc, *Moliere*, les yeux fixés fur ce cahos où rien n'eft à fa place par fa nature, où rien n'eft lié par fes rapports. Comment ameneras-tu la raifon fur la fcene ? Ouvrons tes Ouvrages, nous l'y verrons dans tout fon éclat.

Tu fens qu'une expofition bien ou mal faite influe fur toute une piece. Tu ne marches pas fur les traces de *Plaute*, qui dans un prologue inftruit le fpectateur de tout ce qui doit arriver & enleve par-là toute efpece d'intérêt. Tu ne racontes pas froidement, comme *Térence*, l'avant-fcene à un efclave qui ne doit pas avoir part à l'action. Tu te gardes bien d'imiter les *Italiens* & les *Efpagnols* qui débutent par des *lazis*, ou par des *proceffions* avant d'expofer leur fujet. Tu devines qu'une expofition doit être courte, rapide, claire, que le public veut être inftruit promptement des événemens qui ont précédé une action déjà avancée, du lieu où elle fe paffera, & ne voir faire cette confidence qu'à un perfonnage utile; qu'il defire enfin de tenir dans fes mains, avant la fin du premier acte, les fils de tous les refforts de la machine, fans deviner les effets qu'ils produiront. Le *Tartuffe* nous offre une expofition où toutes ces qualités font réunies ; ajoutons qu'elle a le mérite de la gaieté & de l'action.

Homme immortel, la raifon elle-même te dit qu'un Auteur Comique, loin de fe fingularifer par une diction particuliere, doit avoir celle de tous fes perfonnages. Tu fais t'en faire une toujours conforme à la nature. Tes Acteurs parlent le langage de leur
éducation,

éducation, de leur caractere, de leur situation, de leur état, de leur sexe. Point de ces mots du *jour*, point de ces ornemens qui nuisent à la vérité; point de ce qu'on appelle traits d'esprit, épigrammes, bons mots qui énervent l'expression des caracteres, détournent de l'action, accoutument le public à s'en passer, & les Auteurs à se dispenser d'en mettre dans leurs pieces.

Pere de la Comédie, on ne peut certainement pas te reprocher le défaut d'action, tu sais en mettre jusques dans la plus petite scene. Les yeux des connoisseurs y démêlent autant de ressorts que dans l'ensemble d'une piece. *Orgon* voit clairement l'ingratitude du *Tartuffe*, le fond de la scene précédente est dénoué. Le perfide veut se justifier, nous voyons naître une nouvelle intrigue. *Orgon* lui signifie avec fermeté de sortir de sa maison, nous croyons tout fini, le scélérat annonce qu'il a des titres pour se venger; & le spectateur, à peine satisfait sur un incident, en voit éclorre un nouveau qui augmente sa curiosité.

La scene que je viens de citer, est d'autant plus piquante, qu'elle termine un acte. Elle nous invite naturellement à réfléchir sur l'art avec lequel tu les finis, tu les commences & tu remplis l'intervalle qui les sépare. Tes Acteurs ont toujours des raisons essentielles pour laisser le théâtre vuide. Ils nous intéressent à ce qu'ils vont faire pendant leur absence: ils agissent

B

derriere le théâtre, & ne paraiſſent que pour nous rendre compte de leur conduite, de leurs progrès ou de
leurs revers.

Cette adreſſe particuliere, que nous avons remar-
quée dans les ſcenes & dans leur liaiſon, nous diſpenſe
de nous étendre ſur le nœud général. Telle une lon-
gue chaîne doit néceſſairement ſa force, ſa ſolidité,
à la perfection de chacun de ſes chaînons.

Le bel eſprit, la futilité ou l'ignorance appellent les
dénouemens de *Moliere* ſa *partie faible*. Tu ſouris,
ombre chérie! Eh! qui peut en effet te diſputer la
gloire de bien dénouer un drame? Les Anciens? ouvrons leurs Ouvrages, nous y trouverons deux eſpeces
de dénouemens; les uns faits par un récit ennuyeux,
les autres par une reconnaiſſance qui n'eſt ni vraiſem-
blable, ni préparée, qui ne ſatisfait point l'intérêt,
ou qui manque de gradation. T'oppoſera-t-on Re-
gnard? Voyons le calquer tous ſes dénouemens ſur
celui d'une de tes pieces. Les avares du *Légataire*, du
Retour imprévu, de la *Sérénade*, qui conſentent à tout
pour avoir le porte-feuille, le ſac, le collier, qu'on
leur a volés, ne reſſemblent-ils pas à *Harpagon*,
renonçant à ſon amour, à *condition qu'on lui rendra ſa
chere caſſette*?

Les Modernes oſent-ils ſe meſurer avec toi? qu'ils
ſe réuniſſent, pour t'oppoſer un dénouement qui

vaille celui de l'*Amour - Médecin*, celui de l'*Ecole*
Maris, qu'ils se vantent sur-tout d'y joindre comme
roi le goût, la finesse, la vraisemblance, l'économie
à la surprise la plus agréable.

Les bornes ordinaires d'un discours de la nature de
celui-ci, ne me permettent pas, MESSIEURS, de
suivre mon Héros & le vôtre dans tous ses détails; il
vaut mieux s'élever à la sublimité de ses vues. Cette
noble hardiesse n'a rien qui doive surprendre; je l'ai
puisée dans ses chefs-d'œuvre.

Moliere, tu décomposes tous les théâtres & tu dis-
tingues trois genres propres à la Comédie. Tu vois
que la scene comique peut adopter avec succès des
pieces d'intrigue, des pieces à caracteres, des pieces
mixtes. Ce n'est pas tout. Dans chacun de ces genres
tu en démêles plusieurs. Un seul valet intrigue les
Fourberies de Scapin; plusieurs personnes concourent
à l'intrigue de *Pourceaugnac*; une ressemblance forme
celle d'*Amphitrion*; le hazard seul, celle de *Sganarelle* *.

C'est avec la même habileté que tu varies tes pieces mixtes. Tantôt, comme dans l'Étourdi **, c'est

---

* *Ou le Cocu imaginaire.*

** Si Moliere pouvait assister à la représentation de cette
piece, il conviendrait que le rolle de *Lelie* n'a jamais été si bien
rempli.

B ij

caractere qui donne du reſſort aux incidens; tantôt, comme dans les *Précieuſes*, ce ſont les incidens qui rendent les caracteres plus frappans. Quelquefois l'in-trigue & le caractere ſe ſervent mutuellement, ainſi que dans l'*Ecole des Femmes*. La ſimplicité d'*Agnès* & le double nom d'*Arnolphe*, concourant enſemble, forment cette Comédie étonnante dans laquelle les ſurpriſes, les événemens, les ſituations, les motifs de curioſité, de crainte ou d'eſpoir, doivent toute leur force à des récits plus attachans que ne ſerait l'action elle-même.

Tu mets enfin des caracteres ſur la ſcene. Ton gé-nie vaſte, guidé par un eſprit d'ordre inimitable, te fait voir pluſieurs manieres. As-tu différens caracteres à eſquiſſer ? aucun d'eux n'eſt-il aſſez fort pour domi-ner ſur les autres ? Tu les traites avec une eſpece d'é-galité qui les met tous de niveau. L'un d'eux eſt bien le principe de l'action ; mais il ne nuit cependant pas aux autres ; la *Comteſſe d'Eſcarbagnas* en eſt un exem-ple.

Veux-tu offrir le tableau d'un caractere dominant ? Tu en fais la baſe, le premier mobile de l'ouvrage entier. Ce caractere eſt la ſource d'où tout part ; c'eſt par lui que tout ſe trame & ſe dénoue. Arrive-t-il quelque incident, quelque coup de théâtre, même pendant l'abſence du principal perſonnage ? C'eſt lui qui le produit tout abſent qu'il eſt ; tu lui aſſocies à

la vérité quelques caractères, mais ils lui font fubor-
donnés. Un bel efprit de Cour , des petits-Maîtres ,
une Prude, une Coquette, loin d'éclipfer *Alcefte* , ne
fervent qu'à le faire reffortir ; & la Comédie du *Mifantrope* eft , après le *Tartuffe* , le chef-d'œuvre de
tous les théâtres.

Je voudrais , MESSIEURS ; pour achever le portrait LE PHILO-
de *Moliere*, rendre ces traits vigoureux, qui caractéri- SOPHE.
fent plus particuliérement & font connaître le grand
Philofophe ; mais j'échouerais dans une entreprife
auffi téméraire, fi j'abandonnais le projet de ne louer
Moliere que par *Moliere* même.

Ici, *Sofie*, par la vérité de fes difcours , fait
trembler quiconque a l'imprudence d'enchaîner fon
fort à celui des Grands. Là, *Scapin*, s'attendant à tous
les mauvais traitemens de la part de fon maître &
remerciant fa bonne fortune de ceux qu'il n'éprouve
point, nous donne plaifamment la plus férieufe & la
plus utile leçon de Philofophie.

La France eft inondée de Prudes qu'une affectation
infipide rend ridicules dans leurs penfées , dans leur
langage, dans leur parure même ; les *Précieufes* pa-
raiffent, & cette efpèce n'exifte plus.

La jaloufie eft une paffion qui aveugle l'homme ;
Sganarelle & le *Prince jaloux* , l'inftruifent à ne pas

juger du moins avec précipitation. La morale qui regne dans les *Femmes Savantes*, le *Malade imaginaire*, le *Médecin malgré lui*, le *Bourgeois Gentilhomme*, &c. fans qu'on la fasse remarquer, annonce assez le Précepteur du genre humain.

Arrêtons nous avec complaisance fur les trois chefs-d'œuvre qui illustreront à jamais la scene Française. *Harpogon* entouré de fes enfans qui le redoutent & qu'il force de manquer à leur devoir, donne-t-il une leçon assez frappante aux avares ? Quel exemple de vertu dans *Alceste* ! ah ! *Moliere*, combien ton ame fublime dut s'estimer heureuse, quand tu triomphas de l'hypocrisie & que tu fis reconnaître ce monstre à fes affectations, à fon adresse, à fes amours exécrables, à fon ingratitude, à fon audace, à fa lâcheté, à fa barbarie ! quand enfin tu l'abattis à tes pieds & que tu lui arrachas fon mafque !

Jeunes Auteurs Comiques, vous qui fentez tout le pouvoir d'une noble émulation, que le defir d'obtenir une place auprès du vainqueur de *Térence* & de *Plaute*, vous enflamme ! Un démon jaloux de vos progrès tentera peut-être de vous décourager, en vous rappellant la préférence que l'Académie femble accorder à *Melpomene* fur *Thalie*, dites hardiment : » *Moliere* Académicien protégera fes Eleves. Il fera » fentir les finesses inconcevables d'un genre de poéfie, » où les défauts font à la portée de tout le monde, &

» dont les beautés, apperçues feulement par le goût le
» plus exercé, ne font appréciées que par le temps. « Si
le bas peuple des envieux, fi la foule des *Mécenes*,
qui veulent de lâches complaifans & non des proté-
gés ; fi les travers, les ridicules, les vices que vous
aurez trop bien démafqués, contrarient fourdement
vos defirs & les nôtres, apprenez de votre maître
comme on fe venge de cette horde méprifable, en
l'immolant fur la fcene ; apprenez fur-tout de votre
maître comment un véritable Philofophe fait fe paffer noblement & fans la dédaigner d'une récompenfe
méritée.

Et toi, *Moliere*, divin *Moliere* ! fi ta Patrie indif-
férente n'a pas encore fongé à t'élever un monument
digne d'elle & de ta cendre, il en exiftera à jamais un
dans ce fanctuaire rempli de l'éclat de ta renommée.
Vois les Mufes Françaifes s'y ranimer au bruit de ton
nom, vois l'admiration graver dans nos cœurs, comme
au bas de ton bufte, ce vers déformais immortel
comme toi :

» Rien ne manque à fa gloire ; il manquait à la nôtre. «

F I N.

42

www.ingramcontent.com/pod-product-compliance
Lightning Source LLC
Chambersburg PA
CBHW060815280326
41934CB00010B/2692